Liebe Eltern,

jedes Kind ist anders. Darum muss sich die konzeptionelle Entwicklung von Lesetexten für Kinder unbedingt an den besonderen Lernentwicklungen des einzelnen Kindes orientieren. Wir haben deshalb für unser Bücherbär-Erstleseprogramm 5 Lesestufen entwickelt, die aufeinander aufbauen. Sie entsprechen den Fähigkeiten, die notwendig sind, um das Buch zu (er-)lesen und zu verstehen. Allein das Schuljahr eines Kindes kann darüber nur wenig aussagen.
Welche Bücher für Ihr Kind geeignet sind, sehen Sie in der Übersicht auf der Buchrückseite.
Unser Erstleseprogramm holt die unterschiedlich entwickelten Kinder dort ab, wo sie sind. So gewinnen sie Lesespaß von Anfang an – hoffentlich ein Leben lang.

Prof. Dr. Peter Conrady
*Hochschullehrer an der Universität Dortmund
und Erfinder des Leselern-Stufenkonzepts*

In Zusammenarbeit mit dem *Westermann* Schulbuchverlag

Der Bücherbär
Kleine Geschichten

Dieses Buch gehört:

_____

Christina Koenig
wurde 1958 geboren. Nach Ausbildung und Studium
arbeitete sie in unterschiedlichen Berufen im
In- und Ausland. Heute lebt sie bei Rheinsberg/Mark,
schreibt Bücher und Drehbücher für Kinder
und Jugendliche, macht Hörspiele und schaut zu,
wie die Kartoffeln wachsen.

Silke Voigt
wurde 1971 in Halle an der Saale geboren. Sie hat an
der Fachhochschule in Münster Grafikdesign
und an der Kunstakademie in Münster Malerei studiert.
Seit 1996 arbeitet sie als freie Illustratorin und hat über
40 Kinderbücher illustriert. Zurzeit arbeitet und
lebt sie mit ihrem Mann und ihren zwei kleinen Kindern
in der Nähe von Münster auf dem Land.

Christina Koenig / Silke Voigt

Ballerinageschichten

Mit Fragen zum Leseverständnis

Farbige Bilder
von Silke Voigt

1. Auflage 2010
© Arena Verlag GmbH, Würzburg 2010
Alle Rechte vorbehalten
Einband- und Innenillustrationen: Silke Voigt
Gesamtherstellung: Westermann Druck Zwickau GmbH
ISBN 978-3-401-09434-2

www.arena-verlag.de

Inhalt

Elefantenballett	10
Ein Tag mit Überraschungen	17
Mäusealarm	22
Petunia von Pullerberg	30
Ein toller Preis	35
Lösungen	43

Elefantenballett

Sophie flitzt ins Büro ihrer Mutter.
Aber die Mutter telefoniert.
„Es dauert leider noch, Schatz",
flüstert sie Sophie zu.
Sophie verlässt genervt den Raum.
Immer diese Überstunden . . .
Da hört sie wieder
dieses merkwürdige Poltern:
Bum-bum-bum-bum . . .
Direkt über ihr.
Als ob Elefanten durchs Haus
stampfen würden.
Sophie saust die Treppe hoch.

Sie lauscht nach links,
lauscht nach rechts
und betritt einen Gang.
„Achtung, Sophie",
mahnt sie sich selbst.
Elefanten können gefährlich werden!
Vorsichtig öffnet sie eine Tür
und dann noch eine.
Bum-bum-bum . . .
Die Elefanten kommen immer näher.
Als Sophie eine dritte Tür öffnet,
bleibt sie wie angewurzelt stehen.
„Weiter, weiter, weiter . . .!
Auf Zehenspitzen,
wie kleine Trippelmäuse . . ."
Sophie ist in eine Ballettschule geraten.
„Wieso Mäuse?", fragt sie verdutzt.
„Das waren doch eben Elefanten."

Die Ballettlehrerin und elf Mäuse
drehen sich überrascht um.
„Eben waren es Elefanten,
jetzt sind es Mäuse
und gleich werden es Störche",
antwortet die Ballettlehrerin.
„Willst du vielleicht mitmachen?"
„Ich?", fragt Sophie.
Sie weiß nicht so recht.

Aber Storch sein ist besser
als langweiliges Warten vor dem Büro.
Sophie streift ihre Schuhe ab
und stakst im nächsten Moment
mit elf anderen Störchen
über eine nasse Wiese.
Das ist vielleicht lustig!
„Dürfen die Elefanten auch noch mal?",
fragt Sophie mutig.
Da muss die Lehrerin lachen.
„Bitte die Elefanten noch mal!",
ruft sie und klatscht in die Hände.
Bum-bum-bum . . .
verwandeln sich die Störche
sofort in dicke Elefanten.
Als Sophie wieder Sophie ist,
flitzt sie zu ihrer Mutter zurück.
Die kommt gerade aus ihrem Büro.

„Komm schnell, Mama,
ich muss dir was zeigen!",
ruft Sophie aufgeregt.
Noch am selben Tag
wird Sophie Ballettschülerin
der Ballettschule Beier.
Jeden Dienstag ist nun Unterricht.
Und Sophie kann es kaum erwarten.

☞ Welche Tiere stellen die
Ballettschüler dar?

Ein Tag mit Überraschungen

Schon zum vierten Mal
hat Sophie heute Ballettunterricht.
Längst kennt sie alle Kinder mit Namen.
Eine neue Freundin hat sie
auch schon gewonnen: Tessa.
Tessa ist total nett.
„Gleich kriege ich mein Trikot",
flüstert Sophie Tessa zu,
als das Training vorbei ist.
Ihre Augen leuchten.

Bis heute hat Sophie immer
in Strumpfhose und T-Shirt trainiert.
Aber jetzt, wo sie sicher ist,
dass Ballett das Richtige für sie ist,
will ihr die Mutter ein schönes Trikot
und Schläppchen dazu kaufen.
„Was für ein Trikot willst du denn?",
fragt Tessa neugierig.
„Genau so eins, wie du hast",
antwortet Sophie.
„Das finde ich am schönsten."
Sophies Mutter wartet bereits
im Korridor.
Hinter einer Glaswand befindet sich
der kleine Laden der Ballettschule.
Sophie probiert rosa Trikots,
gelbe Trikots und hellblaue.
Das von Tessa ist auch dabei.

Zu Hause angekommen,
verschwinden die beiden Freundinnen
sofort in Sophies Zimmer.
An die Tür kleben sie einen Zettel:
„Ballettprobe! Stören verboten."
Sophie zieht ihr neues Trikot an,
die neuen Schläppchen
und bindet ihre Haare zusammen.
Dann legt sie Klaviermusik auf.

Vor Sophies Wandspiegel
verwandeln sich die Mädchen
immer wieder in andere Tiere.
Wie es gerade zur Musik passt:
in zauberhaft zarte Schmetterlinge,
in hüpfende Frösche,
flatternde Fledermäuse,
hoppelnde Hasen
und . . . dicke Elefanten.

☞ Was steht auf dem Zettel
an Sophies Tür?

Mäusealarm

Heute tanzen Sophie und Tessa
zum ersten Mal
auf einer richtigen Bühne.
Alle Zuschauerplätze sind besetzt.
So viele Eltern, Geschwister
und Großeltern sind gekommen.
Im Umkleideraum
herrscht große Aufregung.
Alle quasseln wild durcheinander.
Sophie zeigt auf das kleine Kästchen,
das neben Max auf der Bank steht.
„Was hast du denn da drin, Max?"
„Das ist Milli, meine neue Maus",
erklärt Max stolz.
„Die haben wir gerade
in der Zoohandlung gekauft."

Milli-Maus soll
hinter der Bühne warten.
Als es endlich losgeht,
bibbert Tessa.
Hoffentlich macht sie keine Fehler.
Sie tanzt den Tanz der Hexe
und muss als Erstes auf die Bühne.
Wie wild wirbelt sie im Kreis herum
„Widerlich, liederlich,
alle Elfen hasse ich!", krächzt sie dabei.
Da wehen auch schon die Elfen herbei.
Sie wittern keine Gefahr
und tanzen wie Federn im Wind.
„Achtung, die Hexe!",
warnt ein Kind aus dem Publikum.
Aber die Elfen hören es nicht.
Nun sind die Mäuse dran.
Eine der Mäuse ist Sophie.

In winzigen Trippelschritten
huscht sie über die Bühne.
„Eine Maus!", schreit da eine Frau
und rennt panisch aus dem Saal.
„Hilfe! Eine Maus!",
kreischt da noch jemand.
Die Mäuse und Elfen auf der Bühne
bleiben verdattert stehen.

„Die Mäuse sind doch gar nicht echt!",
ruft Sophie ins Publikum.
„Wir sind doch bloß verkleidet!"
Aber da erklingt bereits
ein dritter Schreckensschrei.
Wie ein geölter Blitz saust Elfe Max
plötzlich von der Bühne
und verschwindet unter den Zuschauern.
Da ahnt Sophie, was passiert ist . . .
Sie rennt Max nach, um ihm zu helfen.
„Ich hab sie! Ich hab die Maus!",
verkündet Max da auch schon.
Es ist tatsächlich Milli-Maus.
Heilfroh bringt er den Winzling
in den Umkleideraum zurück.
„Ich bleibe jetzt besser bei ihr",
flüstert er den anderen zu.
„Sonst haut sie noch mal ab."

Als wieder Ruhe eingekehrt ist
und alle Zuschauer sitzen,
geht die Ballettaufführung weiter:
„Widerlich, liederlich,
alle Elfen hasse ich!",
krächzt die böse Hexe von vorn.
Sie verzaubert die armen Elfen
in reglose Steine.
Aber die kleinen Mäusefreunde
tricksen die Hexe aus
und befreien die Elfen
aus ihrer Not.
Dieses Mal geht alles gut.
Als sich die Ballettkinder
am Schluss glücklich verbeugen,
ist auch Max wieder dabei.
Den Karton mit Milli-Maus hält er
fest in seinen Händen.

„Von Pullerberg!
Da kannst du ja bestimmt gut pullern",
sagt Florian prustend.
Sophie und Tessa sehen sich an.
Warum Florian wohl immer
alle ärgern muss?
Petunia hat feuchte Augen
und schluckt.
Dann stellt sie sich wortlos
zwischen die anderen an die Stange.
Dass sie keine Anfängerin mehr ist,
sieht Sophie sofort.
„Bist du ganz neu hier?",
flüstert Sophie Petunia zu.
Petunia nickt und bleibt stumm.
Sie ist sehr schüchtern.
Zur nächsten Ballettstunde
taucht Petunia nicht mehr auf.

„Bestimmt, weil du sie geärgert hast",
schimpft Sophie mit Florian.
„Dabei ist Petunia eine Prinzessin.
Das hört man schon an ihrem Namen.
Und du bist Florian Friedhof,
das Friedhofsgespenst."
Alle lachen über Sophies Witz.
Denn Florian wohnt wirklich
neben einem Friedhof.

Verlegen kaut er auf seiner Unterlippe.
Eine Woche später
ist Petunia wieder da.
Florian schielt zu ihr rüber.
Irgendwann steht er
wie zufällig neben ihr.
„Tut mir echt leid, das von neulich",
sagt er mit ernster Stimme.
„War nicht so gemeint, Petunia."
Da lächelt Petunia und nickt.
Sie ist wirklich sehr schüchtern.

☞ Warum hat es Petunia in ihrer ersten
   Ballettstunde so schwer?

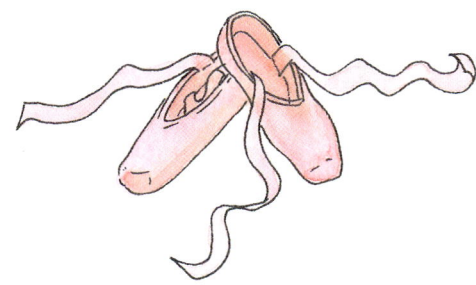

Ein toller Preis

Die Stadtbibliothek macht jedes Jahr
einen Schreibwettbewerb.
Da gibt es tolle Preise zu gewinnen.
„Wollen wir da mitmachen?",
fragt Sophie ihre Freundin Tessa.
„Gleich nach dem Ballettunterricht
überlegen wir uns eine Geschichte.
Was meinst du?"
„Was denn für eine?", fragt Tessa.
Begeistert ist sie nicht gerade.

„Wie wär's mit einem Ballettgedicht?",
fragt Sophie, als sich die Mädchen
gemütlich auf Sophies Bett lümmeln.
„Ein Ballettgedicht?", fragt Tessa.
„So was gibt's doch gar nicht . . ."
„Wenn wir eins machen, gibt's eins",
kontert Sophie.
„Dann ist es eben
das erste auf der Welt."
„Es war einmal ein Ballett,
das tanzte am liebsten im Bett",
legt Tessa wie ein Profidichter los.
„Na toooollll", stöhnt Sophie
und verdreht die Augen.
„Dann mach es doch besser!",
mault Tessa beleidigt.
„Mmh . . ."
Sophie zieht die Nase kraus.

„Meine Lieblingsfreundin und ich
tanzen am liebsten nur für dich."
Nun zeigt Tessa Sophie einen Vogel.
„Soll das etwa ein Liebesgedicht sein
oder was?"
Aber dann findet sie es gar nicht so übel.
„Meine Lieblingsfreundin und ich
tanzen am liebsten nur für dich.
Denn du bist einfach wunderbar.
Machst keinem was vor,
das ist klar."
„Nicht schlecht", findet Sophie.
Nun ist sie wieder dran.
„Meine Lieblingsfreundin und ich
tanzen am liebsten nur für dich.
Du bist einfach wunderbar.
Machst keinem was vor,
das ist klar.

Wir springen und drehn uns,
mal gut und mal schlecht.
Und du schaust uns zu,
dir ist alles recht."
„Komm, wir machen eine Pause",
schlägt Sophie vor und gähnt.
„Dichten ist ganz schön anstrengend."
Die Mädchen flitzen in die Küche
und machen sich einen Kakao.

„Und wie wird der Schluss?",
fragt Tessa und hebt ratlos die Schultern.
„Wem ist denn schon alles recht?
So jemanden kenne ich gar nicht."
„Ich auch nicht", gesteht Sophie.
„Keine Ahnung."
Als Tessa ihren zweiten Kakao trinkt,
entdeckt sie ihren Kakaobart
in der spiegelblanken Fensterscheibe.
„Ich weiß was, Sophie!", sagt Tessa.
„Ich hab einen Schluss! Hör mal:
Meine Lieblingsfreundin und ich
tanzen am liebsten nur für dich.
Du bist einfach wunderbar.
Machst keinem was vor,
das ist klar.
Wir springen und drehn uns,
mal gut und mal schlecht.

Und du schaust uns zu,
dir ist alles recht.
Wir heben die Beine wie Störche
und kugeln herum wie Igel.
Und wer meckert nie?
Der Spiegel."
Eine Woche später erhalten die Mädchen
einen Brief von der Bibliothek.
Sie haben den dritten Preis gewonnen!
Den besten dritten Preis der Welt:
zwei Bücher mit Ballettgeschichten!
Gleich beim nächsten Unterricht
liest die Ballettlehrerin daraus vor.
Aber das gedichtete Ballettrātsel
von Sophie und Tessa,
das finden alle am schönsten.

☞ Wem ist beim Ballett alles recht?

Lösungen

Elefantenballett
Die Schüler stellen Elefanten, Mäuse und Störche dar.

Ein Tag mit Überraschungen
Auf dem Zettel steht: „Ballettprobe! Stören verboten."

Mäusealarm
Sophie tanzt bei der Aufführung eine Maus.

Petunia von Pullerberg
Petunia hat es am Anfang schwer,
weil Florian sie wegen ihres Namens ärgert.

Ein toller Preis
Dem Spiegel ist beim Ballett alles recht.

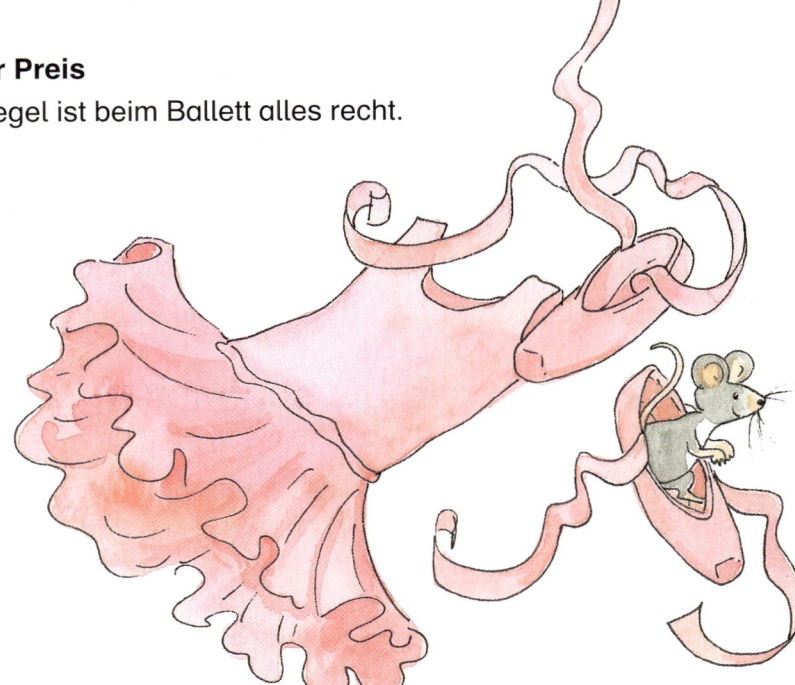

Kleine Geschichten

1. Klasse

Piratengeschichten
ISBN 978-3-401-08342-1

Spannende
Baumhausgeschichten
ISBN 978-3-401-08755-9

Prinzessinnengeschichten
ISBN 978-3-401-09212-6

Zauberponygeschichten
ISBN 978-3-401-09427-4

Mit Fragen zum Leseverständnis

Ab 6 Jahren

2. Lesestufe

Kleine Geschichten

Kurze Geschichten zu einem beliebten Thema

Die kurzen Geschichten rund um ein beliebtes Thema sind besonders gut zum allerersten Selberlesen. Durch die klare Textgliederung und die vielen farbigen Illustrationen ist das Lesen ganz leicht.

- Große Fibelschrift
- Zeilentrennung nach Sinneinheiten
- Sehr einfache Textgliederung für das erste Lesejahr
- Hoher Illustrationsanteil

Innenseite aus „Abenteuerinsel-Geschichten" ISBN 978-3-401-08873-0

Jeder Band: Ab 6 Jahren • Kleine Geschichten • Durchgehend farbig illustriert
48 Seiten • Gebunden • Format 15,9 x 21,1 cm • Mit Bücherbär am Lesebändchen und Fragen zum Leseverständnis

Eine Geschichte für Erstleser

1. Klasse

Der Wackelzahn muss weg
ISBN 978-3-401-09461-8

Das Geheimnis der Dinospur
ISBN 978-3-401-09428-1

Prinzessin Nella, das kleine Einmaleins und ein königliches Schulfest
ISBN 978-3-401-09436-7

Nein, ich geh nicht mit, ich kenn dich nicht!
ISBN 978-3-401-09152-5

Ab 6 Jahren

Eine kleine Geschichte in kurzen Kapiteln für das erste Lesejahr

Mit Extra-Leseübungsheft

2. Lesestufe

Eine Geschichte für Erstleser
Erstes Lesen ganz leicht

Klare Textgliederung

Große Fibelschrift

Für geübte Leseanfänger ist eine längere durchgehende Geschichte genau das Richtige! Mit der großen Schrift, den kleinen Kapiteln und den vielen farbigen Bildern macht das erste Lesen viel Spaß.

Innenseite aus „Das Geheimnis der goldenen Schlangen". ISBN 978-3-401-08927-0

Jeder Band: Ab 6 Jahren • Eine Geschichte für Erstleser • Durchgehend farbig illustriert
48/56 Seiten • Gebunden • Format 15,9 x 21,1 cm • Mit Bücherbär am Lesebändchen und Leseübungsheft